Poésophie en tous sens

La poésie ?

À chacun la sienne.

Ma poésie ?

Âme tantôt gaie tantôt douloureuse,

Révélée à l'encre,

Sympathique.

Dédicaces

À ma Muse, mon amour

Je ne me lasse pas d'admirer tes photos.
Elles se sont imprimées dans ma tête.
Depuis toi j'ai l'impression de vivre dans un
tourbillon.
Quand je suis seul à la maison je tourne en rond.
Alors je sors souvent pour marcher.
Tu me redonnes l'envie d'écrire qui s'était éclipsée
depuis quelques temps.
Le soir, moi qui suis un grand dormeur, j'ai du mal
à trouver le sommeil.
Puis je rêve souvent de toi, de notre rencontre.
J'aime prononcer ton prénom.
J'aime à imaginer que je puisse te plaire.
Tu es mon réveil du matin.
Ton image, ton visage entrent chez moi comme
un soleil.
Tes yeux me remplissent d'émoi.
Et ton sourire si charmant,
Et tes lèvres...
Ô ces lèvres, merveille!

À ma seule nièce,

Très rare lectrice et chère,

Qui a l'insigne adresse

Pour comprendre mes vers.

Aussi lui rends-je là

La politesse en verbe

Pour saluer très bas

La poétesse en herbe.

Merci mon amie

Autrefois j'eus pu être père.

La nature ne l'a pas voulu.

Je ne lui en ai pas voulu

Et je n'en fais pas une affaire.

À l'automne de ma carrière,

Avant que ma pipe ne se casse,

Pour qui m'aima avec la classe

Je suis très fier d'être un repère.

Cette amitié m'émeut sans voix

Et même si je cherche mes mots

Mon âme brille par les émaux

De ton poème qui m'enchanta.

Adieu l'ami

Derrière des mots salaces se nichait ta pudeur.

Ne pas briser la glace était ton point d'honneur.

À cacher tant d'amour tu en perdis la flamme.

Une lettre pour toujours nous dévoila ton âme.

Mais il était bien tard pour éviter le drame.

Ta dernière balade, en mode jeu de piste,

Nous a bien fait marcher, dans la garrigue triste.

Ouverts dans le ciel bleu de notre Occitanie,

Tes yeux ont désormais les oiseaux pour amis.

Et dans nos cœurs, ami, vibre ton souvenir.

Un peu de ma vie

Ma vie

Me suis laissé porter,

Enfance bienheureuse.

Me suis longtemps cherché,

Adolescence rêveuse.

Tenté ce que voulais,

Maturité poisseuse.

Fait ce que je pouvais,

Tant que je puis je creuse…

Petit Pierre

Petit Pierre l'aspirateur,

Petit mais grandes valeurs,

Aspire à faire ton bonheur,

Ô ma belle reine des fleurs,

Aspire à vaincre tes peurs,

Ô ma belle chère à mon cœur.

Attendant, ah, la bonne heure !

Attendant, l'esprit rêveur,

Il garde en lui ta chaleur,

Il garde en lui tes faveurs.

Ô que cessent tes douleurs !

Ô que bientôt sonne l'heure

De t'embrasser de tout cœur,

De vivre notre vie en cœur !

Pierrot

Pierrot est sur un nuage, une belle nue qui le fait mousser, sous la pleine Lune.

Pierrot est dans la Lune, Lune pleine de béatitude.

Une voix douce et amoureuse a paru, a fait maître une étincelle en son cœur.

Une voix suave et enivrante l'a allumée, a greffé sa vibration.

Bonheur.

Sous la voûte céleste, Pierrot navigue entre les astres.

Au-dessus du présent terrestre, il navigue et se laisse emporter par l'air du tendre

Qui nourrit son paisible vague à l'âme.

Derrière le mur

Un voile de fumée a maculé l'azur,
Plus un oiseau n'imprime sa danse vagabonde.
Un voile épais et dense, rigide comme un mur,
A étouffé leur chant, signant la fin du monde.

La Terre roule des yeux, perdue dans l'Univers
Comme un astre déchu, sans âme et sans guide.
La Terre roule des yeux, perdue dans un désert
Comme un oiseau sans aile dévalant dans le vide.

Tout à coup la cloche sonna. Le Maître interrompit sa leçon: *« Pierre, retourne à ta place. Range tes affaires et tu peux sortir avec tes camarades. Mais que je ne te reprenne plus à rêver pendant les leçons d'Histoire ! »*

La *faute* m'avait valu une mise « au piquet », nez au mur et mains dans le dos pendant une bonne heure. Monsieur Magret, un petit homme gras aux yeux cruels, venait de lever la sanction de sa voix rocailleuse, comme sortie d'outre-tombe, qui résonna si fort dans mes oreilles qu'elle me fit sursauter de frayeur.

Je réalisai alors que le nez collé de ce côté du mur de la classe j'avais sombré en léthargie, somnolence qui à la longue avait viré à une sorte de cauchemar éveillé. Ramené à la réalité par le son de la cloche, sans mot dire, je m'empressai de voler vers ma liberté…
de l'autre côté.

Mon vieux vélo

Seul dans son cabanon,
Blessé, à l'abandon,
Mon vélo se morfond.
Il ne tourne plus rond.

La courbe de ses jantes,
Comme celle du guidon
Que nulle main ne caresse,
Se voile, se lamente.

La selle autrefois si luisante
A perdu de son éclat sans mes fesses
Et les pneus épuisés sans air qui les redresse
À présent sont soudés à leur chambre et
déchantent.

Pendu à la cloison par sa fière potence,
Comme à leur chaîne les pignons et les plateaux,
Le cadre vert vire au gris, ne fait plus le beau.
Il regrette mes bras et mes hanches qui dansent.

Les freins se rongent, s'ennuient,
Leurs câbles s'impatientent.
Ils se figent, sans bruit
Et s'usent dans l'attente.

Sans mes pieds dans les cales,
Mon vélo perd les pédales.
Une seule lubie le mine, le tenaille,
La folie des lacets, qu'il grimpe, qu'il dévale,
Même sur des pavés, au diable s'il déraille !

Ma maison broie du noir, elle est petite et sombre.

Un cocon, un écrin, abri tapi dans l'ombre,

Modeste et sans fard, dans un quartier tranquille,

Avec un grand jardin, loin des bruits de la ville.

Elle n'attend que celle qui saura l'embellir,

Lui donner la lumière, la faire refleurir.

Elle n'attend qu'une belle et son joyeux sourire

Pour la rendre solaire, la faire rajeunir,

D'Orchydées, Roses Trémières et autres fleurs
odorantes,

De leurs exhalaisons pour offrir un parfum

D'amour, comme je l'espère, à nos deux âmes
aimantes

Et lier à l'unisson nos cœurs mêlés en un.

Ma retraite

Îl est venu le jour de dire,
Salut les gars, moi je m'retire.
Profite à plein des bons moments
Et quand auront passé les ans

S'il reste une petite place
Quand vient le soir, à la chandelle
Songe à ceux qui font du sur-place
Comme en cage des hirondelles

Rêvant du lointain horizon
Qui à l'approche veut s'enfuir.
Alors dirai-je sans façon,
J'avais bien fait de tôt partir.

En société j'ai fait mon temps
Assez donné de mes vingt ans
Avant que le vaisseau chavire
Laisser ma trace, créer, écrire.

Où suis-je ?

Entre l'absurdité et le sens commun

Balance ma liberté.

Ma poésie

Valse libre entre jeux de mots, humour et ironie.

Valse nécessaire, viscérale, de jour comme de nuit.

Combat contre les passions tristes qui nous enchaînent.

Combat contre les injustices et la bêtise humaine.

Espace de plénitude, condensé de la raison et des sentiments.

Espace de jeu de mes rêves et de conscience des réalités du moment.

Elle me soulage des peines, me redonne sourire et joie de vivre.

Elle me nourrit comme tout art, un tableau, un air, un livre.

Divagations

Ô marcheur solitaire,

Ô haleur d'éphémère,

Addict à la rivière

Comme au temps délétère.

Là le pas s'accélère,

Contourne les dévers,

Détourne la poussière

Vers l'onde passagère

Qui bruisse à la caresse

D'une bise légère.

Après-midi à paresser.

Fin de journée, fin de l'été.

Le soleil brûle ses derniers rais

Sur les terrasses des cafés

Que les touristes ont désertées

À contre-sens du vent mon âme

Aux éléments s'ouvre en tous sens,

L'environnement nous confond

Et il m'entraîne dans son sens.

Jouissance de l'âme en temps de paix.

En terrasse attablé, l'âme échouée sur sa faim,
Je la vis apparaître comme un signe du bonheur.
Trottinant, port altier, au soleil du matin,
À ses cheveux deux couettes, robe légère à
fleurs.

Elle tourna son regard cherchant une rencontre ?
Je l'invitai à boire d'un geste plein d'émoi.
Le geste hésitant elle regarda sa montre.
Elle n'avait pas le temps, peut-être une autre
fois…

Deux petits yeux coquins, chevelure poivre et sel,
Deux agates précieuses que soulignent d'un trait
fin
Une bouche radieuse et des sourcils satin
Sculptés dans un écrin de déesse Cybèle.

Ô insigne étincelle, apparition divine,
Je voudrais caresser la douceur de tes mains,
Par la taille t'enlacer, partager ton chemin.
Bécassine si belle, de toi aurai-je un signe ?

Samedi soir mélo

Seul je vais voir la mer

Bistrot Valras penaud

Sur tonneaux plaques de verre

Musique latino

Je ne compte plus les verres

Allo amour bobo !

Se laisser bercer, porter, transporter par…

Le roulis de la machine ronronne accompagné

Du bruissement sourd de la VMC en fond se
détachent

Les sonneries musicales des portables
interrompent les chuchotements

Des voyageurs aux pas feutrés se croisent

Dans une forme de silence, l'ennui domine

La voix off, féminine, ne distrait pas même les têtes
baissées

Sur des écrans anonymes, d'aucuns cherchent
leur liberté

À travers les vitres délavées du TER, des regards
fuient

Vers des horizons incertains, leur esprit
vagabonde.

Pensée macabre

Un Lycée quelque part,

Sous un ciel de cafard

Quand le pion se morfond,

Au petit matin de l'angoisse,

Le morpion se confond

Avec quelque animal vorace.

La pendule essoufflée

Ne peut freiner le temps qui passe.

Si Satan m'écoutait,

Peu s'en faudrait que je trépasse.

Ma pensée se nourrit, dame,

De garder ce ci-devant

Leitmotif, sourire de flamme

Ne disant mot, qui consent.

Magnifique camée,

Dame, dont le cœur,

Le feu sans fumée,

Nage dans le bonheur.

Joute amoureuse

Parées de tuniques en dentelles,
Jeanine rouge et Diana bleue
Se tenaient prêtes au grand duel
Et ne se lâchaient pas des yeux.

Les deux nymphes agathoises brillaient de mille feux,
Les éclats du soleil sur leurs formes ailées
Se reflétaient dans l'eau et me brouillaient les yeux.
Immobiles, face à face, éloignées de dix toises
Elles arboraient leurs proues surmontées d'oriflammes
Attendant patiemment le signal du départ.

En avant toute! Au son des fifres et des tambours
Les plis de leurs flancs frétillèrent de volupté,
Exaltation d'ailes de papillons pour un tour,
La joute féminine put être enfin lancée.

Les flots d'abord paisibles du fleuve canalisé
À présent agités viennent à tourbillonner
Offrant à la vue des spectateurs enjoués
Myriade de paillettes mousseuses, bouquet argenté.
Cris d'allant des marins et doux bruissement des eaux,

Cris de liesse des gradins et musique au galop.
Les tintaines entraînées par l'élan des rameurs
Approchent l'une de l'autre déployant fière ferveur,
Pénétrant dans le vent toutes hanches galbées.

De but en blanc un grand silence plane sur les fées.

Glissant dans l'eau flanc contre flanc
Les deux Agathoises se caressent,
Pavois dressés et lances au clair,
Fourbissent leurs armes de séduction.
Les pointes acérées piquent au cœur,
Les pavois crépitent, sautent en l'air,
Feu d'artifice, charmant éclair,
Puis s'évanouissent dans l'eau prospère.
Flammes libérées des deux complices,
Éclats argentés, fleurs de lys,
Sous la garde de trois arches sombres,
Puissants remparts de Saint Etienne,
Et l'œil aux aguets du donjon
De la forteresse ecclésiale.

La mort du vieux jardinier

« Il faut cultiver son jardin » disait Candide.

Au petit matin tout fringant,
Ravi de l'hiver finissant,
Il avait biné ses oignons,
Taillé sa vigne et ses rosiers,
Planté ses fèves pour le printemps.

Puis il voulut faucher ses prés
Alors qu'il était encore temps.
Le vent hurlait à son entour.
Ses gestes étaient mal assurés.
Il faucha l'herbe l'air insouciant.

Dans un dernier balancement
Il bascula, tourbillonnant.
La lame soulevée par le vent
L'abandonna dans son élan
Et retomba sur lui pointant.

Le temps portait la faux fatale.
Elle eut raison comme un présage.
Selon l'adage, point trop n'en faut.
Bien mieux vaut soigner ses oignons
Que faucher quand il n'est pas temps.

Vœux

Bon an naît.

Si l'abonné te rit au nez

Dans la bonneterie où on est,

Mets un bonnet de soie

Car un beau né n'est beau

Qu'avec bonnet à soi.

Et si ton beau nez déçoit

Bon ton n'est de citer soi

En parlant à son bonnet

Mais bon est de par devers soi

Souhaiter à tous la bonne année.

Chez le dentiste

Sans plus tarder à mi janvier

Bouche enflammée est arrivée

Sa dent une scène lui a fait

Et puis y est allé blindé

Il s'est fait dévitaliser

Il a hurlé c'est de bonne guerre

On massacrait sans couronner

Alors butoir comme sa date

S'est déclaré échec et mat !

Nativité (missa est)

Par un coup du père Joseph,

Un gars, dit-on, charpenté,

Le Jésus de Marie naît.

Il embarqua dans sa nef,

Comme dans l'Arche du noyé,

Tous ceux de la tribu Terre

Qui parvinrent à rats sembler.

Après de multiples galères

Et des tribulations sans fin

De papautés empapaoutées,

Ne sont-ils pas tous bons crétins

Qui en bateau se font mener ?

Vile humanité

Chez l'Anti-guerre

On n'a guère l'esprit grégaire,

On vitupère la vie précaire,

Chez l'Anti-guerre la vie est chère !

Super marché ?

Dans l'allée du temple vitré

Des illusions s'achètent, se vendent,

Des sentiments, amours, s'espèrent.

Moi je préfère la contre-allée.

Je laisse le temps s'écouler,

Luxe de ne rien faire, rêvasser

For des soucis, contraintes, plaies,

Des violences, imbécillités,

Des dominants, des empressés.

Alors je jouis de cette conscience,

De cette présence d'éternité.

L'éphémère

Toujours aller plus vite, pour avoir plus de temps,
Assurer les trois-huit et faire des enfants,
Préparer ses vacances, être dans l'air du temps,
Aux jeux tenter sa chance, engraisser les
marchands.

L'être humain, entêté, ne fera pas long feu.
Il se croit immortel mais il fera long feu.

Passer à la télé, paraître intelligent,
Piqûre sous-cutanée et autres étirements
De vieilles peaux surannées burinées par les ans.
Sans répit consommer pour mieux tuer le temps.

La quête de ceux qui, dépassés par leur âge,
Voulurent à tout prix redorer leur image
Et ont passé leur vie à détourner la page,
S'est noyée dans le vide, elle a fait naufrage.

Ô vile société, trop humaine injustice
Qui se nourrit de guerres et de feux d'artifice,
Ta seule égalité-éternelle-justice
Est au bout du chemin, au fond d'un précipice !

Où sont les utopies passées d'un nouveau monde
De paix, fraternité, de citoyens du monde,
De plaisirs partagés, de droit à la paresse,
D'amour et de respect, de savoir et sagesse ?

Brassens, Ferrat, Georges Moustaki...

Moustache rebelle et mi-longs cheveux
Sourire en coin et verbe amoureux
L'avenir se lisait dans leurs yeux,
Écrit dans leurs chants mélodieux.

Ils ont bercé mon adolescence,
Appris l'espoir, la désespérance,
L'amour, la vie, les femmes, la France,
Chagrin, oubli, horreurs, délivrance.

Leurs voix profondes sont restées les mêmes,
Irriguent le sang qui coule dans mes veines.
Partis trop tôt, trop vite oubliés
Des journalistes et plateaux télé.

Ils restent la voix des opprimés
De ceux qui veulent continuer d'aimer,
Apprendre à qui n'a plus de mémoire,
Bannir les dominants de l'Histoire.

Voguez dans l'arche de poésie,
Au grand océan de longue vie.
Prenez grand Jacques dans la partie,
Pas plus de quatre, ce serait jurer,
Pour faire la foire, bien vous marrer
De voir les cons d'en bas pérorer.

Nouvelles valeurs

Du passé ne faisons pas « table rase »,
Préservons la vie et toutes ses sources,
Rejetons la mort et toutes ses sources,
Apprenons à nous connaître, nous respecter,
Nous faire plaisir.

Soyons révolutionnaires au jour le jour
En écoutant l'autre pour apprendre de lui,
En apprenant à l'autre sans lui en imposer,
En réduisant toute source de violence,
Source de soumission.

Faut-il changer de pays,
Faut-il abandonner les siens ?
Lâche qui à sa cause nuit,
Au regard de notre survie
Partir cela n'est rien.

Nos « amies » les bêtes ?

Animaux grands fauves que l'homme veut
dompter,
Êtres familiers dressés pour tuer,
En vitrine, zoo, aquarium ou cage,
Êtres faits objets, odieux marchandage.
Animaux de cirque, de combat, d'arène,
En décoration, trophée mis en scène,

Soyez rassurés, paraît qu'on vous aime.

De trafics d'ivoire, d'organes, fourrures,
Victimes, de gavage, expériences, tortures.
Marché clandestin, marché de misère,
Des gros trafiquants, marché planétaire.
L'argent n'a pas d'âme, le fric c'est la guerre,
Le savent les banquiers, le Fonds monétaire.

Mais leur toutou à eux, pour sûr, ils l'aiment.

Les anciens daignaient faire des sacrifices,
Rendaient la monnaie aux cieux des supplices,
C'était leur survie qui entrait en lice.
Ils se souciaient, parfois, des sévices
Causés à leurs frères de vie, leurs complices.
C'était leur survie qui entrait en lice.

Aujourd'hui le « droit » n'a plus la raison,
Les armes de chasse fleurissent à foison.
Tuer à loisir, flatter ses pulsions,
On se cache parfois des méfaits, honteux,
Souvent la « loi » condamne le malheureux
Qui n'a pas la voix pour résister mieux.

Ce n'est qu'un « détail », paraît qu'on vous aime.

On vous met en scène, en spectacle, en piste,
İnstruments de jeu, de profit, d' « artistes ».
Nos « amis des bêtes » aux animaux causent
Les mêmes tourments qu'aux humains d'autres
imposent,

Ceux-là même qui disent toujours qu'ils vous
aiment.

Espoir ?

L'Espoir fait vivre, dit-on.
On en meurt.
Espoir d'un futur meilleur pour ceux qui luttent à
en mourir avant l'heure…
Espoir du paradis pour ceux qui croient, doutent,
tuent pour cela et se tuent avant l'heure…
Espoir, coquille vide ou pleine, hors du présent.
À vivre d'Espoir on en meurt sans vivre assez les
plaisirs remis au lendemain.

Poètes de l'Espoir, poètes prophètes de La Vérité,
Propagandistes d'un avenir « plus humain »,
Surréalistes critiques de la poésie du passé,
Vous êtes-vous un jour demandé :
« Que fais-je aujourd'hui de ma vie qui soit digne
de mes idéaux et puisse être entendu du plus
grand nombre ? »

Que l'Art se contente d'offrir des instants de
bonheur immédiat
Et, au moins, de pousser un cri, jeter une bouteille
à la mer !
Que peut-on espérer de mieux ?

La Liberté, ah ! *La Liberté…*
Pantalon long, pantalon court,
Mini jupe, robe fendue, décolleté,
Soutane, Hidjab, robe de bure, voiles en tout genre,
Circulent, se croisent sur l'autel du marché.

Enfants-soldats, enfants mineurs, prostitués,
Prisonniers pour leurs idées, un bout de pain, un bout de terre.
Exilés de la faim, de la torture, de la guerre,
En rétention, embrigadés, dans des sectes, indésirés,
Au grand paradis du marché, ils caressent *La Liberté*.

Prisonniers de leurs idées, de la télé, jeux en tous genres,
Communautés, nations, partis,
Patries, familles, travail, armée,
Services secrets, États policiers,
Et des crédits renouvelés du grand marché.
Connaissent-ils *La Liberté* ?

Ma liberté je la connais, je la savoure au bord de l'eau,
Congés payés, havre de paix, sous le soleil au bord du quai,
En plein mois d'août, attendant mon aimée,
Sauf, à l'écart des troupeaux
Afférés à leur course à *La Liberté,*
Je savoure mon refuge momentané
Avant de replonger dans le courant du grand marché.

La bête humaine

Bête dans l'homme, intranquillité,

Recherche de la mesure, peine à la trouver.

Sachant qu'il est mortel, il cherche à s'apaiser,

L'amour seul le fait vivre, plaisir et beauté.

La femme, que puis-je en dire ?

À elle de parler…

Éclaircir ce mystère, source de délire.

Seulement aimer…

Les douze de Charlie

Les douze de Charlie tombés un 7 janvier

N'avaient rien demandé qu'à rire, qu'à s'amuser.

Ils voulaient dénoncer des armes la vanité,

Les dogmes des Églises, Pouvoirs de soumission,

Prospères de l'ignorance, temples de La Morale.

Leurs armes n'étaient que traits sur des bouts de papier,

Bien pauvres boucliers pour arrêter les balles

De la bêtise humaine, la haine de pauvres cons !

Ils chérissaient la vie, la paix, la liberté,

Les douze de Charlie tombés un 7 janvier.

Ne rien faire c'est déjà ça.

Qui veut sauver la terre veut des fusées, des
satellites, des armes de guerre.
Qui veut sauver la terre veut sa piscine, sa
tablette, sa croisière.
Banques et industries, sociétés commerciales et
financières,
Gouvernements, armées, défendent les causes
« humanitaires ».

Mais la planète si riche peut-elle nous libérer de
la pauvreté, la misère ?
De toutes les catastrophes humaines elle n'a
que faire.
Elle tournera encore quand nous aurons détruit
la vie qui nous est chère.

Qui veut sauver la vie, du moins le temps de
vivre,
Doit cultiver plutôt le souci de ses frères.
Par-delà les cultures, par-delà les frontières,
Partager les richesses, bien-être et savoir-faire.

Des passantes

C'était un samedi, dix-sept du mois d'Avril,
Alors que je traînais mes pas sur les pavés,
Sous un ciel bas et gris, dans les rues de la ville,
Le cœur abandonné, l'âme tourneboulée.

Ayant quitté la mer et les bords de l'Hérault,
J'empruntai de travers la rue de Jean Roger,
Tombé en résistant, devenu un « héros »
Dont la geste en nos temps doit être rappelée.

Depuis l'Hôtel de ville jusqu'au bout des allées
La rue était déserte à l'approche du soir.
Le pavé était sombre comme l'étaient mes
pensées.
En remontant la pente je broyais du noir…

Quand une silhouette se dessina au loin.
Balançant de la tête et ondulant des hanches,
Une Agathoise alerte, précédée de son chien,
Descendait comme offerte, de son allure franche.

Tout à coup dans ma tête jaillit un grand soleil.
Je m'armai de courage pour lui dire bonjour.
La lumière de ses yeux illumina mon ciel.
À « Vous êtes ravissante » j'eus « Merci » en
retour.

Telle une étoile filante, éphémère clarté,
La belle dame brune repartit dans le soir.
C'est par elle que je chante, chérissant sa beauté,
Que je sors de la brume et caresse l'espoir…

Lilas dame de la nuit

Étoile née des dieux du soir

Immanence de l'infini

Luminescente perle noire

Astre rebelle à l'ennui

La couturière

Je vis dans un nuage que la Lune éclaire,
Rêvant d'être le ramage d'une jolie couturière.

Sous toutes les coutures, si belle femme altière,
Séduisante à l'avers tout autant qu'au revers.

Les chevilles font valser des chaussures
talonnées,
Parées de fines lanières qui enlacent les pieds.

La jupe fuchsia froissée caresse des hanches
fières,
Dentelles en filigrane sur des jambes dorées.

Fines courbes lissées des fesses aux mollets,
Élégance rythmée, quelques pas esquissés.

La courbe de ses bras, unie à sa poitrine,
Dessine un cœur ouvert, d'une beauté divine.

Elle admire ses seins sous leur parure de soie,
Les mains ajustent la taille en déployant les
doigts.

Sirène hauturière, long cou à découvert,
Épaules de Vénus posées en accolade.

Coiffure rousse ondulée et libre comme l'air,
Et grand sourire aux lèvres et aux yeux grand
ouverts.

La belle couturière se mire dans la glace.
Je voudrais être celui qu'elle invite à la danse.

À la dame du bonheur

Ô portrait rayonnant du grand soleil d'été.

Visage éblouissant, pommettes au teint rosé.

Étincelles d'argent sur des cheveux de jais.

Dans vos grands yeux noisette, qui me prêtent à rêver,

Mes yeux partent en quête de votre âme les secrets.

Que vos pensées retiennent un peu de ma présence,

Qu'elles s'accordent aux miennes et nourrissent l'absence

De douceur, de tendresse, du regard de l'aimante.

Qu'un rayon de soleil par votre sourire offert,

Mon sourire réveille et mon âme éclaire.

Du haut de la falaise, les deux bras accoudés

Dame brune légère, au visage hâlé

Perçait la brume grossière en quête de clarté.

Elle visait le grand large aux ondes tourmentées.

La flamme de ses yeux verts comme d'un phare projetée

Traça un sillon clair sur la mer remontée.

Alors les bras ouverts, la tête relevée

Elle pria Jupiter pour le remercier

De cet amour offert avec la mer aimée.

Silhouette longiligne que la nature cisèle,

Habitée par des rêves qu'aux doux yeux on
devine.

Divine caresse de bise sur sa peau d'étamine,

Fines mains aux longs doigts, ongles rose pastel.

Je cherche dans ses yeux verts une étincelle, un
signe

Et au feu de ses lèvres que les paroles attisent

Je livrerais la fièvre de mes lèvres soumises

Pour cueillir sa douceur, ses fruits les plus
intimes.

Jupiter que fais-tu, à moi pauvre païen ?
C'est un coup de tonnerre dans un ciel serein !
Trente-deux degrés à l'ombre et pas un courant
d'air !
Mon cœur est retourné, je suis tout de travers !
Même une douche froide ne peut éteindre ton
feu !
J'essaie de me distraire, chanter, fermer les yeux !
Ta foudre s'est abattue sur moi en un éclair !
Et Cupidon s'en mêle avec Vénus sa mère !
Qui est cette donzelle, cette envoyée des dieux
Qui dans son escarcelle cherche à combler mes
vœux ?
Serait-ce la belle Gaïa à chevelure de feu
Qui fait naître l'idylle en me perçant des yeux ?
Je bous comme un damné en attendant le jour
Béni où nez à nez je lui dirai bonjour !
Je caresse l'instant magique, radieux,
Où je dévorerai son visage des yeux !
Je frissonne déjà, j'en ai la chair de poule !
L'amour sera-t-il là, l'idée me tourneboule !

Déclaration

Je bois tes paroles ô ma reine,

Si enivrantes à perdre haleine

Et ton grand sourire, si je l'aime

C'est qu'il m'électrise; et même

Si ta voix m'apparaît lointaine,

Je la sens complice et amène

À combler mon cœur, mon poème,

Ô belle méditerranéenne !

Comme il est doux de savoir qu'une personne pense à vous, une belle personne.

Qu'elle pense à vous non comme un frère, une sœur, un père, une mère, un ami, une amie.

Qu'elle pense à vous comme un besoin de tous les sens, comme un fluide

Qui à chaque instant parcourt l'intimité de votre être,

Fait vibrer votre cœur, votre âme, illumine votre visage,

Allume une étincelle au fond des yeux, nourrit un sourire radieux.

Qu'il est doux ce sentiment amoureux !

Au jardin de mon cœur s'épanouit une fleur

Si belle et parfumée que malgré les années,

Nonobstant les malheurs, persiste son odeur,

Résiste sa beauté, sourit l'éternité.

Elle respire la saveur de la joie, du bonheur,

Elle est pareille à celle des poètes et rebelle.

Elle choie ses valeurs et m'offre des faveurs

Que dans mon escarcelle je chéris, ô ma belle !

Rose du soir

Je te dédie cette belle rose

Qui pour ta beauté est éclose.

Quoi de plus beau, quoi de plus cher

Que cette splendeur éphémère.

Je goûte l'instant de fraîcheur

De l'air du soir et sa douceur,

Comme un parfum fort qui m'enivre,

Me rappelle la joie de vivre,

La joie de sentir dans mon cœur

Ton cœur tendre comme une fleur,

Qui garde le parfum éternel

De notre amour ô toi si belle !

J'ai trouvé dans tes yeux la splendeur des beaux jours.
Serré tout contre toi, j'ai caressé tes joues
Et mon corps en émoi d'éprouver tes atouts
A révélé mes vœux d'être à toi sans détour.

Fondus en un seul être, hors du temps suspendus,
Tu as posé ta tête sur mon cœur nu et fou.
L'instant fut merveilleux, tout était entendu.
Ton sourire radieux m'emplit de bout en bout.

Nous nous sommes donnés et sens dessus dessous
Nos corps se sont mêlés et pris sans retenue.
Ce samedi joyeux, ce samedi à nous
En cette fin d'été a mis nos âmes à nu.

Ô ma belle câline, tes yeux, tes lèvres, ton cou
Et jusqu'au plus intime niché hors de la vue,
Ô ma belle mon amour, pour toujours dans les nues,
Tu es pour moi précieuse, plus qu'un précieux bijou.

À l'orée du printemps

Une brise légère fait frissonner les feuilles
Ensoleillées des arbres et fleurs de mon jardin.
Comme de longs bras ouverts leurs fiers rameaux
s'étirent
Après un long sommeil pour prendre un grand bol d'air.
À l'orée du printemps les fleurs sauvages tapissent
Le sol de leurs pétales aux tons multicolores.
Papillons et oiseaux virevoltent, chavirent
Jouissant du beau temps à la caresse du vent.
J'imagine vos grands yeux verts comme l'herbe
fraîche,
Qui m'entourent, m'attisent, m'éblouissent, me
courtisent,
Votre sourire radieux comme le chant des oiseaux,
Votre chevelure d'or au zénith, grand soleil
En forme de corolle qui réchauffe mon âme.
L'amour que j'ai pour vous révèle sa nature
Et mon cœur plein de joie vous célèbre ô madame.

N'aie pas peur ô ma reine et ne sois pas si triste.
Prends la vie en cadeau comme on affronte un risque.
Confie en la tendresse de qui te tend la main,
En celui qui t'adresse des mots qui font du bien.

J'ai appris à aimer de diverses façons,
Comment aimer un frère, un jardin, sa maison.
Que l'on aime un ami, un poème, une femme.
Ces amours ont surpris chaque fois ma pauvre âme.

Elles sont la substance qui encore me nourrit
Lors que ma tempérance se soucie de la vie.
Ma bouche tu as goûté, appelé « mon chéri »,
Apprécié mes idées, de mes Nouvelles as ri.

Marcher main dans la main, échanger nos sourires,
Nous livrer corps à corps jusqu'au bout du plaisir,
Échanger nos desseins, nos passions, nos désirs,
Tout cela n'est pas rien, c'est chercher à construire.

Ton cœur n'a pas vibré me dis-tu aujourd'hui.
Ton cœur n'était pas prêt à partager ma vie.
Je suis ta volonté, continuons amis,
J'ai beaucoup de respect pour toi à l'infini !

Écoute

Prends la vie comme elle vient ma belle, en voulant ce qui te veut du bien.

Souci des plaisirs !

Avant que la rose ne se fane.

Avant que tout s'efface, s'évanouisse dans le cosmos.

Ici et maintenant. N'y a-t-il pas que cela de vrai ?

Écoute ton cœur, mon cœur qui t'interpelle, ta musique, ta poésie, ma musique, ma poésie,

La larme de mélancolie douce que je verse au moment où je t'écris ces mots.

Retiens les doux baisers, la chaleur de mon souffle dans ton cou.

Et de mes bras qui ne se lassent pas de t'enlacer…

Ils sont partis

N'étaient pas des héros, ne demandaient qu'à vivre.
Où sont mes grands-parents? Hors d'exil? Enfin libres?

Nés dans l'Espagne obscure, en proie aux guerres
civiles,
Certains y sont restés, d'autres morts en exil.
Ils ont tant travaillé, fondé une famille.
L'espoir les a guidés, République fragile.

Pour *Elle* ils ont payé de leur chair leurs idées.

Aujourd'hui les enfants, graines de réfugiés,
S'ils sont libres à présent, ne peuvent oublier
De rappeler les camps qui les ont humiliés,
De rester vigilants et prêts à résister

Car ailleurs notre temps crée d'autres exilés.

La nuit du 4 août

Où est la blanche Dauphine dont tu étais si fier
Quand la malle était pleine de délicieux Lactaires?
Nos membres s'en souviennent par les ronces griffés
Et les mains qui gardaient l'empreinte de leur lait.

De l'aube jusqu'au soir, même à la nuit tombée
On entendait les coups de marteau résonner
Derrière la vitrine du petit atelier
Où tu bâtis ta vie, ta vie de cordonnier.
Notre vie, toi seul tu as su la gagner
À la force des bras, la douleur des poignets
Pour nous offrir un toit avec un lit douillet
Et pour notre avenir, l'école qui t'a manqué.
Et ces chaussures de cuir, Chef-d'œuvre de finesse
Nées de tes mains calleuses mais jamais étrennées,
Elles restent un témoin présent de tes prouesses
Comme les souvenirs portés dans ton Cahier.

L'enfance te poursuivait quand tu courais pieds nus
Par les bois et chemins de ton Espagne natale,
Sous la jeune République et la guerre civile,
La campagne catalane où tu connus la faim,
Quand tes plus beaux jouets, des boîtes de sardines,
Quand l'école était loin, loin des yeux, loin du cœur.

Et puis ce fut la guerre, et puis ce fut l'exil.
La France t'a accueilli, à elle tu t'es donné.
La France t'a accueilli mais ne t'a rien donné.

Ta retraite fut si courte, pourtant si méritée.
Quelques derniers plaisirs, écrire tes souvenirs.
Tu nous as tout laissé avant que de partir.
Tes *enfants avant tout*, tel était ton désir.
Toi qui aimais chanter, bien manger, boire et rire,
Tu es parti bien tôt, en perdant le sourire.
Tu es parti bien tôt, épuisé de souffrir,
Sur un lit d'hôpital, visage de martyr.

Tu es parti trop tôt, j'ai des choses à te dire…
*« Dans la nuit du 4 août papa, en mille sept cent
quatre-vingt-neuf, l'assemblée nationale proclamait la
fin des privilèges. »*
C'est cette même nuit, comme on choisit sa fin,
Plus de deux siècles après, que tu nous as quittés,
Avec toi sont partis « Nen Ciset »*, meurt-la-faim,
De la rue de l'Amour le petit cordonnier.

J'invoque ta sagesse quand j'ai mal à mon cœur :
*«On fait pas ce qu'on veut dans la vie tu sais,
on fait ce qu'on peut !»*
Quand j'ai mal à mon cœur, je revois ton sourire,
La fierté dans tes yeux, je me confie à toi.

*Littéralement, « petit Narcisse », expression catalane affectueuse.

Maman

Elle était gentille maman,
D'une gentillesse peu commune.
Elle était discrète maman,
Jamais à l'affiche, à la une.

Elle parlait peu, l'Espagnole
Mais son sourire en disait long
Et ses paroles en *fragnol*
Parfumaient toute la maison.

Elle n'a pas eu que du bonheur
Dans le mariage pas plus qu'ailleurs
Mais elle cachait ses souffrances
De l'âge adulte comme de l'enfance.

À l'automne de sa vie enfin
Loin des corvées du quotidien,
Elle goûta aux heures, sereine
D'avoir tout donné hors sa peine.

Elle était gentille maman,
Elle a vécu toujours dans l'ombre.
Tout son amour pour ses enfants,
Tout son cœur donné en surnombre.

Il nous reste la Musique, la Musique et la Poésie.

Nous avons quatre jours à vivre, le sais-tu ?

Toi qui fabriques des armes de mort,
Tu peux toujours bénir la paix…
Toi qui promets des lendemains,
Tu peux bien jouir de pérorer…
Toi qui te vautres dans le faste,
Tu peux faire la charité…
Toi qui crées tellement d'emplois,
Tu peux sans honte en sacrifier…
Toi qui gagnes ta vie en Bourse,
Tu peux te jouer de nos vies…

Nous avons quatre jours à vivre, le sais-tu ?

Toi qui sermonnes au nom du Ciel,
Tu peux condamner le péché,
Promettre le Salut aux Fidèles,
Tu cherches surtout à te sauver…
Toi qui prônes le Sacrifice,
Donne l'exemple… laisse les autres vivre !

Nous n'avons que quatre jours à vivre, le sais-tu ?

Toi qui éduques, toi qui enseignes,
Contre les murs, les ignorances
Garde l'espoir car il fait vivre,
Comme la Musique, la Poésie...

Table

p.3-La poésie ?

Dédicaces

p.4-À ma Muse, mon amour
p.5-À ma seule nièce...
p.6-Merci mon amie
p.7-Adieu l'ami

Un peu de ma vie

p.8-Ma vie
p.9-Petit Pierre
p.10-Pierrot
p.11-Derrière le mur
p.12-Mon vieux vélo
p.14-Ma maison…
p.15-Ma retraite
p.16-Où suis-je ?
p.17-Ma poésie

Divagations

p.18-Ô marcheur solitaire…
p.19-Après-midi à paresser…
p.20-En terrasse…
p.21-Samedi soir mélo…
p.22-Se laisser bercer…
p.23-Pensée macabre

p.24-Ma pensée se nourrit…
p.25-Joute amoureuse
p.27-La mort du vieux jardinier
p.28-Vœux
p.29-Chez le dentiste
p.30-Nativité (missa est)

Vile humanité

p.31-Chez l'Anti-guerre
p.32-Super marché ?
p.33-L'éphémère
p.34-Brassens, Ferrat, Georges Moustaki…
p.35-Nouvelles valeurs
p.36-Nos « amies » les bêtes ?
p.38-Espoir ?
p.39-La liberté…
p.41-La bête humaine
p.42-Les douze de Charlie
p.43-Ne rien faire…

Des passantes

p.44-C'était un samedi
p.46-Lilas…
p.47-La couturière
p.49-À la dame du bonheur
p.50-Du haut de la falaise…
p.51-Silhouette longiligne…
p.52-Jupiter…
p.53-Déclaration

p.54-Comme il est doux…
p.55-Au jardin…
p.56-Rose du soir
p.57-J'ai trouvé…
p.58-À l'orée du printemps
p.59-N'aie pas peur…
p.60-Écoute

Ils sont partis

p.61-N'étaient pas des héros…
p.62-La nuit du 4 août
p.64-Maman

p.65- **Il nous reste la Musique, la Musique et la Poésie.**

Illustration première page de couverture : Pierre Gonzalez.

©2023, Pierre Soliva.
Édition : BoD – Books on Demand, info@bod.fr.
Impression : BoD – Books on Demand, In de Tarpen 42,
Norderstedt (Allemagne)
Impression à la demande
ISBN: 978-2-3224-7335-9
Dépôt légal: Avril 2023